自分で
つくっちゃおう!

かんたん手づくり

防災グッズ

監修

木原実(気象予報士・防災士)

1 準備編

はじめに

　日本は、世界の中でも特に災害が多い国といわれています。じっさい、地震や津波、大雨や台風など、毎年のようにいろいろな災害が起きていますね。

　大きな災害が起こると、水道や電気、ガスが止まってしまうこともあります。すると、ガスコンロを使って料理をしたり、部屋に明かりをつけたり、トイレやふろを使ったり……といった、いつもの生活ができなくなってしまうこともあるんです。このようなとき、パニックにならないためには、災害への「備え」が欠かせません。そのひとつとして、ぜひ取り入れてもらいたいのが、手づくりできる防災グッズです。

　この本では、災害のときに役立つさまざまなグッズのつくり方を紹介しています。材料は身近なものばかりなので、すぐにでもつくることができます。グッズをつくったら、まずは一度使ってみてくださいね。つくり方と使い方を知っておけば、いざというときにも、きっとあわてずに過ごせるはずです。

　災害はいつどこで起こるかわかりません。しかし、きちんと準備をしておくことで、みなさんの命やくらしを守ることができます。もしものときのために、今できる備えをする。この本が、そのきっかけになればうれしいです。

気象予報士・防災士　木原実

もくじ

この本の見方

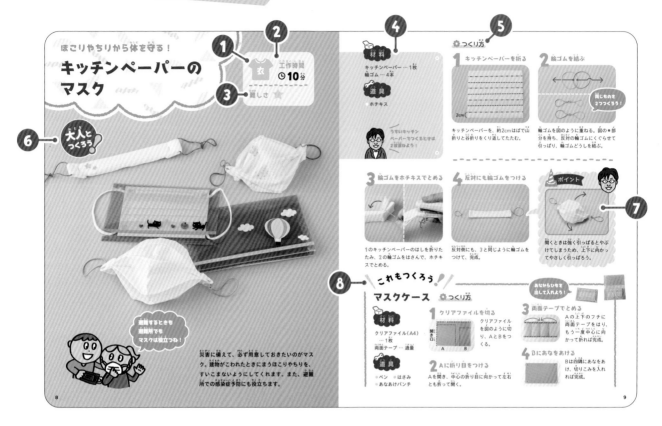

① アイコン

グッズのカテゴリーを示すマーク。身につけるものは「衣」、食べるときに使うものは「食」、住むうえで役立つものは「住」、おもちゃなどは「他」で示しています。

② 工作時間

完成までにかかる時間の目安。

③ 難しさ

1〜3つの星マークで示した工作の難易度。数が多いほど、難しい工作になります。

④ 材料・道具

工作に必要な材料・道具の一覧。

⑤ つくり方

グッズのつくり方の解説。写真と文を合わせて確認しながら、順番通りに進めましょう。

⑥ 大人とつくろう！

火を使う工程がふくまれます。必ず大人といっしょにつくりましょう。

⑦ ポイント・注意

工作するときのポイントや注意点が書かれています。

⑧ やってみよう！・これもつくろう！

「やってみよう！」にはグッズの使い方のポイントが、「これもつくろう！」には関連するグッズのつくり方が書かれています。

つくり方で出てくる線

折り目線 ——————
折り目を表す線

切り取り線 - - - - - - -
はさみやカッターで切る線

のりしろ ▨▨▨
のりをぬるところ、両面テープをはるところなどを示す線

谷折り線 - - - - - - - - -
折り目が内側になるように折る

山折り線 —・—・—・—
折り目が外側になるように折る

この本で使う
基本の材料・道具

本書に出てくる材料や道具の中から、特によく使うものを紹介します。家にあるものばかりなので、すぐにチャレンジできますよ。

材料

新聞紙

ペットボトル

牛乳パック

ゴミ袋

ポリ袋

ラップ

ダンボール

キッチンペーパー

アルミホイル

アルミ缶

どこで手に入れるの❓
100円ショップやスーパー、コンビニ、ホームセンターなどで手に入るよ。大人と探してみよう。

道具

はさみ

カッター

のり

セロハンテープ

ガムテープ

ペン

えんぴつ

つまようじ

プッシュピン

わりばし

ホチキス

じょうぎ

しっかり守ろう

工作するときの注意

使いなれない材料や道具でいきなり工作をはじめると、思わぬけがにつながることも。工作をはじめる前に、しっかりと読んでおきましょう。

大人に相談しよう

つくる前に、大人に話しましょう。家にある材料を使う場合は、使っていいものか必ず確認してください。

けがに気をつけよう

はさみやカッターなどの刃物や、先のとがったものを使う場合には十分注意しましょう。使わないときは必ず刃をしまいます。

火は大人と使おう

火を使う工作は、やけどや火事に十分気をつけましょう。また、必ず大人といっしょにつくったり、使ったりしてください。

道具は大切に

ゆかやつくえによごれや傷がつかないよう、新聞紙やダンボールをしきましょう。使ったあとはきれいにしてもどします。

工作のコツ

上手につくるコツをおさえてグッズをきれいに仕上げると、使いやすさがさらに増します。また、こわれにくくもなるため、災害のときも安心して使えます。

厚紙をきれいに折り曲げる

厚紙を折り曲げる前、はさみやカッターで軽くスジをつけるときれいに折れます。力を入れすぎて、切り取らないように気をつけましょう。

厚紙を折るときも、じょうぎを折り目にあてて折るときれいにできるよ。

はさみでまっすぐ切る

はさみの先ではなく、中心あたりを使ってゆっくり切ります。先だけを使って細かく切ると、切った線がガタガタになってしまいます。

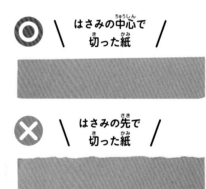

◎ はさみの中心で切った紙

✕ はさみの先で切った紙

きれいにはりつける

はりたいもののフチにのりをつけるときは、フチのギリギリではなく、少し内側につけます。そうすると、はりつけたときにのりがはみ出ません。

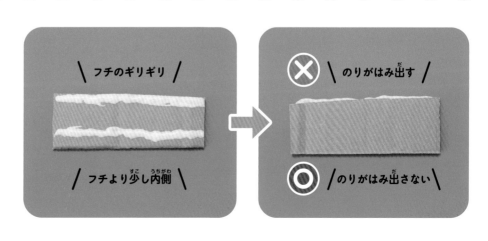

＼ フチのギリギリ ／

＼ フチより少し内側 ／

✕ ＼ のりがはみ出す ／

◎ ／ のりがはみ出さない ＼

ほこりやちりから体を守る！
キッチンペーパーの マスク

衣　工作時間　⏰ **10**分

難しさ ★

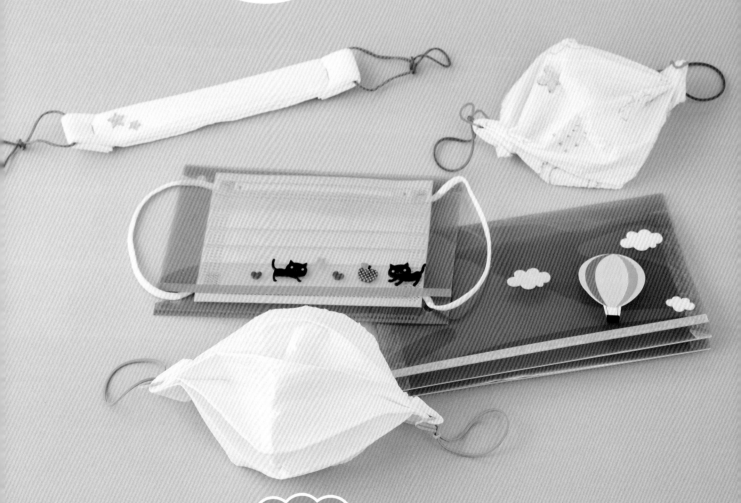

避難するときも
避難所でも
マスクは役立つね！

災害に備えて、必ず用意しておきたいのがマスク。建物がこわれたときにまうほこりやちりを、すいこまないようにしてくれます。また、避難所での感染症予防にも役立ちます。

8

材料（ざいりょう）

キッチンペーパー … 1枚（まい）
輪（わ）ゴム … 4本（ほん）

道具（どうぐ）

● ホチキス

うすいキッチンペーパーでつくるときは2枚（まいかさ）重ねよう！

⚙ つくり方（かた）

1 キッチンペーパーを折（お）る

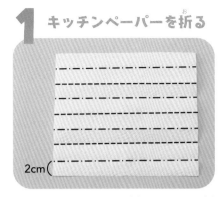

2cm

キッチンペーパーを、約（やく）2cmはばで山（やま）折りと谷（たに）折りをくり返してたたむ。

2 輪（わ）ゴムを結（むす）ぶ

同（おな）じものを2つつくろう！

輪ゴムを図（ず）のように重（かさ）ねる。図の●部（ぶ）分（ぶん）を持（も）ち、反対（はんたい）の輪ゴムにくぐらせて引（ひ）っぱり、輪ゴムどうしを結（むす）ぶ。

3 輪（わ）ゴムをホチキスでとめる

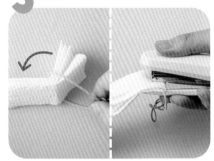

1のキッチンペーパーのはしを折（お）りたたみ、2の輪（わ）ゴムをはさんで、ホチキスでとめる。

4 反対（はんたい）にも輪（わ）ゴムをつける

反対側（はんたいがわ）にも、3と同（おな）じように輪ゴムをつけて、完成（かんせい）。

🔺 ポイント

開（ひら）くときは強（つよ）く引（ひ）っぱるとやぶけてしまうため、上下（じょうげ）に向（む）かってやさしく引（ひ）っぱろう。

これもつくろう！

マスクケース

⚙ つくり方（かた）

材料（ざいりょう）

クリアファイル（A4）… 1枚（まい）
両面（りょうめん）テープ … 適量（てきりょう）

道具（どうぐ）

● ペン　● はさみ
● あなあけパンチ

1 クリアファイルを切（き）る

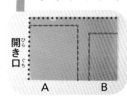

開（ひら）き口（ぐち）

A　B

クリアファイルを図（ず）のように切（き）り、AとBをつくる。

2 Aに折（お）り目（め）をつける

Aを開（ひら）き、中心（ちゅうしん）の折（お）り目（め）に向（む）かって左右（さゆう）とも折（お）って開（ひら）く。

3 両面（りょうめん）テープでとめる

あなからひもを出（だ）して入（い）れよう！

Aの上下（じょうげ）のフチに両面（りょうめん）テープをはり、もう一度（いちど）中心（ちゅうしん）に向（む）かって折（お）れば完成（かんせい）。

4 Bにあなをあける

Bは四隅（よすみ）にあなをあけ、切（き）りこみを入（い）れれば完成（かんせい）。

足もとの冷えやけがを防ぐ！
新聞紙とダンボール板のスリッパ

衣　工作時間
⏱ **20**分

難しさ ★★

ダンボールを
使っているので
丈夫だよ！

避難するときに、はいているくつがよごれてしまったり、ぬれてしまったりすることがあります。新聞紙とダンボールでスリッパをつくっておけば、寒さやけがなどから足を守れますよ。

材料

ダンボール板
（たて 35cm ×横 40cm）
… 2枚
新聞紙 … 2枚
ガムテープ … 適量

道具

● ペン
● はさみ
● じょうぎ

⚙ つくり方

1 ダンボール板を切る

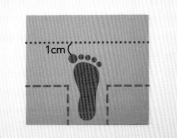

1cm

ダンボール板の上に足を置く。つま先から 1cmほど上にペンで折り目の目安線を引く。足の両側を図のように切り取る。

2 ダンボール板を折り曲げる

ダンボール板から足をおろし、折り目の目安線にそって、上から下に向かって折り曲げる。

3 足の形に合わせて整える

足の形に合わせて左右のダンボール板を巻きつける。

4 すき間に入れる

左側のダンボール板を、右側のダンボール板のすき間に入れこむ。

5 新聞紙と組み合わせる

広げた新聞紙の上に 4 を置き、新聞紙の右下を持ち上げ、4 の側面にそって折る。

6 新聞紙でくるむ

右側にある新聞紙を持ち上げて、4 に巻きつける。左側も同じようにして巻きつける。

7 ガムテープでとめる

つま先側のあまった新聞紙を折って、ガムテープでうら側にとめる。同じものをもう 1つつくって完成。

ポイント

好きなかざりをつけると、オリジナルのグッズになるよ。自分のスリッパの目印にもなるね。

風が強くても雨をしのげる

ゴミ袋の
レインポンチョ

衣　工作時間
⏱ **10**分

難しさ ★

フードつきだから
顔や頭も
守れるよ♪

台風のときにかさを差すと、強風で折れてしまったり、吹き飛ばされてしまったりして危険です。ポンチョがあれば両手が空くので、転んだときにも手をつくことができて安心ですよ。

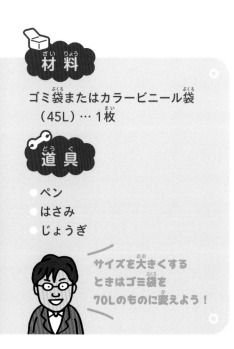

材料

ゴミ袋またはカラービニール袋
（45L）… 1枚

道具

● ペン
● はさみ
● じょうぎ

サイズを大きくする
ときはゴミ袋を
70Lのものに変えよう！

⚙つくり方

1 ビニール袋を切り取る

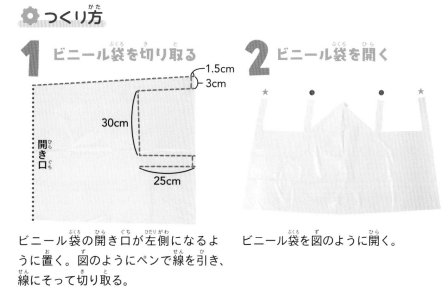

1.5cm
3cm
30cm
開き口
25cm

ビニール袋の開き口が左側になるように置く。図のようにペンで線を引き、線にそって切り取る。

2 ビニール袋を開く

ビニール袋を図のように開く。

3 フードをかぶる

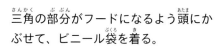

三角の部分がフードになるよう頭にかぶせて、ビニール袋を着る。

4 上のひもを結ぶ

2の上に飛び出た4本のひものうち、フードに近い●印のひも2本を首元で結ぶ。

5 下のひもを結ぶ

2の★印のひも2本を、おなかのあたりで結べば完成。

やってみよう！

カラフルで
かわいいよ！

カラービニール袋を使うと、自分の好きな色のポンチョがつくれるよ。

フチをマスキングテープやシールなどでかざりつければ、自分だけのオリジナルポンチョに！

トイカプセルの LEDヘッドライト

衣 　工作時間
⏱ **20**分

難しさ ★★

ヘッドライトを
使うときに豆電球を
差しこもう！

災害が起きると、停電で照明がつかなくなることも。特に夜は明かりがないとまわりがよく見えず、けがをしてしまうかもしれません。ヘッドライトを準備しておけば、動きやすくなります。

材料

マジックテープ（粘着剤つき）
… 適量
トイカプセル … 1個
ゴムバンド（布製） … 1つ
ペットボトルのフタ … 1個
ラップ … 適量
ボタン電池 … 1個
LED豆電球（足つき） … 1〜3個

道具

● はさみ

⚙ つくり方

1 マジックテープを切る

ふわふわする方をA面、ちくちくする方をB面とするよ。

マジックテープのA面とB面をそれぞれ2枚ずつ、1cmほどのはばに切る。

2 マジックテープをはる

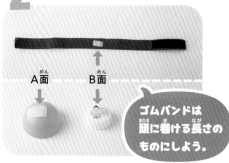

A面　B面

ゴムバンドは頭に巻ける長さのものにしよう。

トイカプセルの底にA面、ゴムバンドとペットボトルのフタにB面を1枚ずつはる。

3 カプセルの内側にもはる

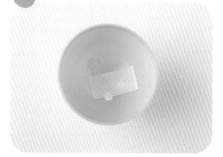

2のトイカプセルの内側にも、A面のマジックテープを1枚はる。

4 ボタン電池を入れる

ペットボトルのフタの内側にラップをかぶせ、上からボタン電池を立てて入れる。

5 ラップをフタにつめる

ボタン電池がまっすぐ立つように、ペットボトルのフタのすき間にラップをおしこんでつめていく。

6 LED豆電球を差しこむ

差しこむと光がつくよ。

5のフタをトイカプセルに入れ、LED豆電球の長い方の足が、ボタン電池のプラス側にくるようにはさんで差しこむ。

ポイント

LED豆電球の数を増やすと、より明るくなるよ！

7 トイカプセルをつける

トイカプセルをしめて、ゴムバンドにはりつければ完成。

パラコードの ブレスレット

衣 工作時間（こうさくじかん）
🕐 **30**分（ぷん）

難（むずか）しさ ★★★

大人（おとな）と つくろう！

いつも
身（み）につけておけば
安心（あんしん）だね♪

パラコードとは、パラシュートに使（つか）われる丈夫（じょうぶ）なひものこと。このブレスレットは、いざというときはほどいて一本（いっぽん）のひもにもどすこともできます。救命（きゅうめい）うきわの材料（ざいりょう）にしたり、物干（ものほ）しロープにしたりと、はば広（ひろ）く使（つか）えますよ。

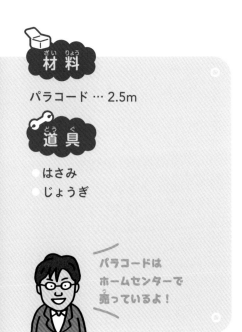
⚙ つくり方

1 土台のひもの長さを決める

手首の太さ＋1cmが
土台のひもの長さだよ。

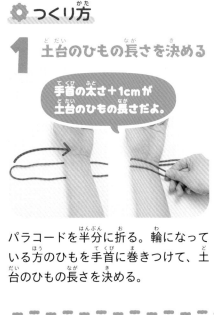

パラコードを半分に折る。輪になっている方のひもを手首に巻きつけて、土台のひもの長さを決める。

2 ひもを置く

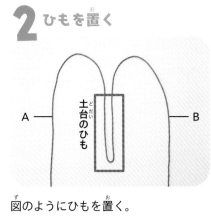

A ──── 土台のひも ──── B

図のようにひもを置く。

※土台のひもの半分から左側をA、右側をBとします。つくり方3〜13まではわかりやすいように、Aを青いひも、Bを赤いひもで示しています。

3 右側に輪をつくる

図のようにBのひもで輪をつくり、Bのひもの先を、Aのひもの左側に置く。

4 Aのひもを左側から通す

図のようにAのひもを 3 でつくった輪に通す。

5 輪の形を整える

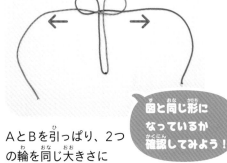

図と同じ形に
なっているか
確認してみよう！

AとBを引っぱり、2つの輪を同じ大きさに整える。

6 左側にもう1つ輪をつくる

Bのひもを、図のように置いて左側に輪をつくる。

7 Aのひもを右側から通す

Aのひもを図のように通して、最後に 6 でつくった輪に通す。

8 左右のひもを引っぱる

AのひもとBのひもを左右に引っぱり、編み目をつくる。

9 土台のひもを引っぱる

最後に、AとBのひもを引いて編み目をしめよう。

編み目の下あたりをおさえながら、土台のひもを下に引っぱり、2つの輪の大きさをひもが1本通る太さに調節する。

10 右側に輪をつくる

Bのひもを、土台のひもの上に置いて輪をつくる。

11 Aのひもを通す

Aのひもを図のように通して、最後に10でつくった輪に通す。

12 左右のひもを引っぱる

8と同じように、AのひもとBのひもを左右に引っぱり、編み目をつくる。

13 くり返し編んでいく

6～8、10～12をくり返し、編み目をつくっていく。

ポイント

6と10の工程はBのひも、7と11の工程はAのひもで行うと、正しい編み目になるよ。

14 土台の先端まで編む

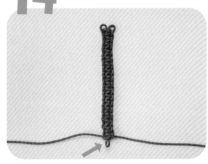

土台の先端まで編む。このとき先端にひもが2本通るくらいの輪(矢印のところ)ができるようにする。

15 ひもを先端の輪に通す

AとBのひもを、14でつくった土台の先端の輪にまとめて通す。

16 ひもを2つの輪に通す

15で通したひもを、9でつくった2つの輪に1本ずつ通す。

17 ひもを結ぶ

AとBのひもを2本まとめて結ぶ。

18 あまったひもを切る

結び目から3〜4cmほどの部分を、はさみで切って完成。

ポイント

大人とつくろう！

切ったひもの先をライターなどであぶると、ひもの先がほつれないよ！

やってみよう！

もやい結びと活用法

ほどけない輪をつくる「もやい結び」を覚えれば、パラコードをより活用できるよ！

もやい結び

1 輪にひもを通す

図のように輪をつくり、その中にひもの先を通す。

2 輪にもう一度通す

ひもの先をさらに図のように通し、輪の中にもう一度通す。

3 ひもを引っぱる

結び目をおさえながら下のひもを引っぱったら、完成。

少し水を入れると投げやすいよ！

大雨のときに川でおぼれている人がいたら、空のペットボトルにロープを結びつけ、安全な場所から投げわたしましょう。空のペットボトルはうきわ代わりになります。

パラコードの両はしにもやい結びをつくり、それぞれを木に引っかけると、タオルや服が干せる物干しロープになります。

よく使うものを持ち運べる
ぬわない手ぬぐいポシェット

衣 ／ 工作時間 🕐 15分
難しさ ★★

貴重品を
身につけておけば
安心だね♪

避難所では、となりの人とのスペースが区切られていないことも多く、大切なものは自分で管理しなければいけません。ポシェットに入れていつでも持ち歩けるようにしておくと便利です。

材料

クリアファイル … 1枚
手ぬぐい … 1枚
布用両面テープ … 適量
ひも … 1本

道具

● あなあけパンチ

⚙ つくり方

1 ファイルにあなをあける

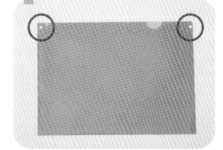

ファイルの開き口側の左右に、あなあけパンチであなをあける。

2 ファイルを手ぬぐいに置く

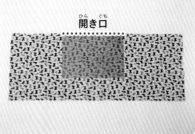

開き口

広げた手ぬぐいの上に、ファイルを置く。このとき、開き口側をフチに合わせる。

3 手ぬぐいの下側をたたむ

手ぬぐいの下側に布用両面テープをはり、上に向かってたたむ。

4 手ぬぐいの右側をたたむ

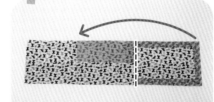

手ぬぐいの右側に布用両面テープをはり、左に向かってたたむ。

1であけたあなをさけて、両面テープをはろう。

5 手ぬぐいの左側をたたむ

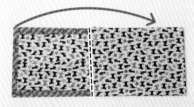

手ぬぐいの左側に布用両面テープをはり、右に向かってたたむ。これで、ポシェットの本体が完成。

6 ひもを通す

ファイルと手ぬぐいの間にひもを入れ、1であけたあなに、図のように通す。

7 ひもを結ぶ

6で通したひもをあなのそばで結ぶ。もう片方のあなにも同じように、ひもの反対側を通して結べば完成。

ポイント

肩にかけたときに長さが合わない場合、ひもをとちゅうで結ぶと調節できるよ。

細かいゴミも集めやすい！
ペットボトルの
ほうきとちりとり

住　　工作時間
🕐 **25**分

難しさ ★★

小さいから
避難所でも
場所をとらないね！

多くの人が集まる避難所では、みんなが心地よく生活できるように、きれいな状態を保ちたいですね。散らばった食べこぼしやほこりなどを集めるのにも役立ちます。

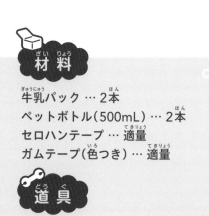

材料

牛乳パック … 2本
ペットボトル（500mL）… 2本
セロハンテープ … 適量
ガムテープ（色つき）… 適量

道具

- ペン
- カッター
- はさみ
- じょうぎ

⚙ つくり方

1 ペットボトルを切る

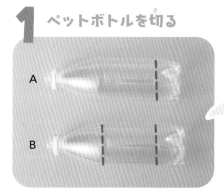

ペットボトル2本をそれぞれ図のように切る。

🔺 ポイント

カッターではさみの刃が入るくらいの切りこみを入れてから、はさみで切ろう。

---

2 切りこみを入れる

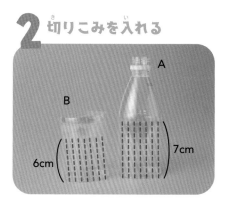

6cm
7cm

AとBのペットボトルに、5mmはばの切りこみをぐるりと1周入れる。

3 切りはなす

Bは、2の切りこみのうち1本をはしまで切って、広げる。切りこみのない方にセロハンテープをはる。

4 BをAの内側に入れる

セロハンテープは粘着面が外側になるように巻いてはろう。

セロハンテープをはった方を外側にして3を丸め、Aのペットボトルの内側に入れて固定する。

---

5 持ち手をつくる

ペットボトルの飲み口に入る大きさに丸めよう！

牛乳パックを開き、図のように切り取る。はしからつつ状に丸める。

6 持ち手を飲み口に入れる

5にガムテープを巻き、持ち手にする。ペットボトルの飲み口に入れ、ガムテープでとめて、ほうきの完成。

7 牛乳パックを切る

もう1本の牛乳パックを図のように切れば、ちりとりの完成。

新聞紙の皿
しんぶんし　　さら

工作時間
こうさくじかん
⏱ **20**分
ふん

難しさ ★★★
むずか

新聞紙を折ってつくる皿です。食べた
しんぶんし　 お　　　　　　さら　　　　　た
あとはラップを外してすてれば、水な
　　　　　　　　　はず　　　　　　　　　みず
しで皿がきれいになります。災害前に
　　さら　　　　　　　　　　　　さいがいまえ
家で使い心地を試しておくと、いざと
いえ　つか　ここち　ため
いうときにあわてずに使えますよ。
　　　　　　　　　　　　　　　つか

紙を変えて
かみ　か
いろいろなサイズで
つくるのもいいね！

材料

新聞紙 … 1枚
ラップ … 適量

道具

● はさみ

使うときに、皿の上からラップをかけよう！

⚙ 舟型のつくり方

1 新聞紙を切る

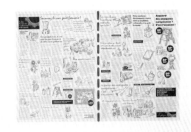

新聞紙を図のようにはさみで切り取る。

2 中心で折る

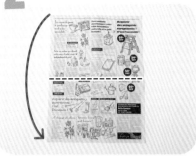

上から下に向かって谷折りする。

3 折り目をつけてもどす

もう一度上から下に向かって谷折りし、中心に折り目をつける。折り目をつけたあと、元にもどす。

4 三角形に折る

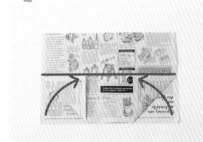

下側の新聞紙を1枚めくり、3の折り目に合わせて、三角形になるように左右を谷折りする。

5 うらも三角形に折る

うら返して、4と同じように三角形に谷折りする。

6 上側も三角形に折る

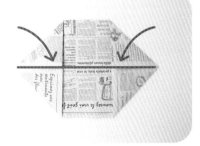

上側の新聞紙を、3の折り目に合わせて三角形に谷折りする。

7 下から上に折る

下側を1枚めくり、下から上に向かって谷折りする。

8 うらも下から上に折る

うら返して、7と同じように谷折りする。

9 3分の1で折る

3枚まとめて上から3分の1のところで谷折りし、折り目をつける。

10 1枚めくって折る

表

うら

手前の1枚を、折り目にそって谷折りする。うらも同じようにする。

11 新聞紙を開く

新聞紙を上下逆さにして、図のように左右に引っぱり、開く。

12 底を整える

底の部分を9の折り目にそって、平らに整える。

ポイント

底が四角形になるように整えると、きれいに仕上がり、安定するよ。

13 持ち手をつくる

図のように、両はしを折り曲げて持ち手をつくったら完成。

⚙ 箱型のつくり方

1 新聞紙を正方形にする

舟型の1と同じように新聞紙を切り取る。図のように谷折りし、はみ出た部分を切り取って新聞紙を正方形にする。

2 折り目をつける

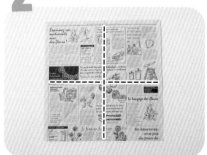

新聞紙を、図のように谷折りして、折り目をつける。

3 三角形に折る

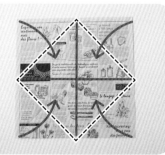

2の折り目に合わせて、図のように四隅を三角形に谷折りする。左に45度回す。

4 中心に向かって折る

中心を谷折りして折り目をつけ、折り目に合わせて上下から谷折りする。しっかりと折り目をつけたらもどす。

5 左右に広げる

この折り目がきれいな仕上がりにつながるよ。

左に90度回し、左右の折り目を開き、図のような形に広げる。

6 中心に向かって折る

図のように、中心を谷折りして折り目をつけたあと、折り目に合わせて上下から谷折りする。

7 折り目を立てる

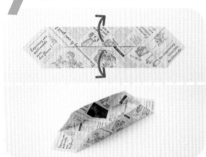

6で折った上下の折り目を立てるようにして開く。

8 新聞紙を立ち上げる

三角形の部分を、図のように4でつくった折り目にそって立ち上げる。

ポイント

図のようにすき間に人差し指を入れて、中指でうら側をおすようにすると立ち上げやすいよ。

9 内側に折りこむ

8を内側に向かって折りこむ。このとき、三角形の部分が重ならないようにする。

ポイント

フチと底にしっかりと折り目をつけながら折ると、きれいに仕上がるよ！

10 反対側も折りこむ

反対側も同じように折りこめば完成。

牛乳パック1本でつくれる
牛乳パックの
スプーンと皿

われない素材だから
地震が続くときも
安心して使えるね！

スプーンや皿がなくても、牛乳パックが1本あればどちらもつくることができます。しっかりした形なので、スープなどこぼれやすいものを入れても、たおれる心配がないのがうれしいですね。

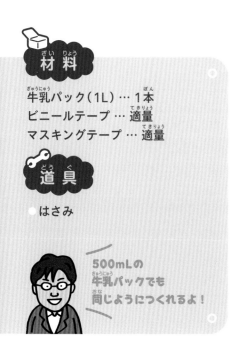

材料

牛乳パック（1L）… 1本
ビニールテープ … 適量
マスキングテープ … 適量

道具

○ はさみ

500mLの
牛乳パックでも
同じようにつくれるよ！

⚙ つくり方

1 牛乳パックの側面を切る

牛乳パックの注ぎ口からはさみを入れ、図のようにたて半分に切る。反対側の面も、同じようにたて半分に切る。

2 牛乳パックの底を切る

底は固くて
切りづらいから、
ゆっくり切ろう。

牛乳パックの底を切る。牛乳パックを半分にしたものが2つできる。

3 牛乳パックの皿が完成

注ぎ口がない方の牛乳パックは、そのまま皿として利用できる。

4 半分に切る

2の牛乳パックのうち、注ぎ口があいている方を図のように切り、2つに分ける。

5 底をつぶす

底が三角になるように、牛乳パックをつぶして平らにする。

6 スプーンの形に切る

図のように、ななめに切り取る。

7 持ち手にテープを巻く

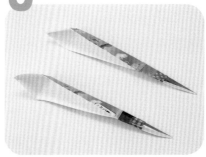

底の反対側に、ビニールテープやマスキングテープを2周ほど巻きつける。5で三角につぶした底を開く。

8 形を整える

形を整えたらスプーンの完成。

手づくりだけど火力バッチリ
アルミ缶でつくる コンロ

レトルト食品も あっという間に 温められるよ♪

お湯をわかしたり、ごはんを温めたりするときに役立つコンロ。アルミ缶とアルミホイル、キッチンペーパーでかんたんにつくれます。切ったアルミ缶と火のあつかいには十分注意しましょう。

材料

アルミ缶（350mL）… 3本
キッチンペーパー … 3枚
アルミホイル
（たて17cm×横25cm）… 3枚

道具

- じょうぎ
- 油性ペン
- はさみ
- つまようじ
- 紙やすり

⚙ つくり方

1 アルミ缶に線を引く

アルミ缶の上から7cm、下から3cmのところに、油性ペンでぐるりと線を引く。

2 アルミ缶を2つに切る

まず2つに分けて切りやすくするよ！

1で引いた線と線の間にカッターで切りこみを入れて、はさみでアルミ缶を切る。

3 線にそって缶を切る

2つに分かれた缶を、それぞれの線にそって切る。

4 缶のフチをやすりがけする

やすりをかけるときは缶のフチをさわらないようにしよう！

缶のフチにやすりをかける。

⚠ 注意

缶のフチはするどくなっていて、けがをする危険があるからさわらないでね。

5 キッチンペーパーを折る

キッチンペーパーを4分の1に折る。

6 6等分に切る

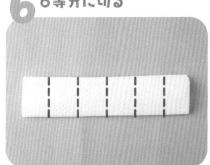

キッチンペーパーに6等分の折り目をつける。折り目にそって、はさみで切る。

7 棒状にねじる

6のキッチンペーパーをそれぞれ棒状に丸めて、上下からねじる。

8 先をななめに切る

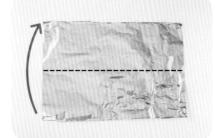

7のキッチンペーパーの先を、3mm ほどのところで、先をとがらせるように、ややななめに切る。

9 アルミホイルを折る

アルミホイルを半分に谷折りする。

10 さらに内側に折る

アルミホイルを図のように上下から中心に向かって谷折りする。

11 目印を書く

アルミホイルの上側にはしから同じくらいのかんかくをあけて、油性ペンで6か所に目印を書く。

12 あなをあける

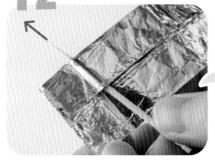

折り目の間からつまようじを刺して11で書いた目印にそって、あなをあける。

注意

つまようじの先はとがっていて危険！ つまようじが出てくるところに指をおかないでね。

13 8を差しこむ

8のキッチンペーパーを、12であけたあなに差しこむ。

14 6本分差しこむ

ほかのキッチンペーパーも同じようにあなに差しこむ。

15 缶に入れる

14のアルミホイルを三角形に折り、4の缶に入れる。

16 同じものをつくる

15と同じものを3つつくる。図のようにならべて完成。

底が熱くなるので、アルミトレーなどの上に置いて使ってね。水入りバケツも準備しておこう。

やってみよう！

火のつけ方

アルミ缶コンロに火をつける方法と、注意点を確認しよう。

使うときは、アルミホイルが入っている方のアルミ缶に食用油を注ぎます。中のキッチンペーパーの先が油にひたっているか確認し、キッチンペーパーが油をすい上げるのを待ちましょう。

火をつけるときは必ず大人にやってもらいます。はじめは火が急に大きくなることがあるので、キッチンペーパーの上からではなく、手前や横から火をつけるようにしましょう。

火がついたら…

使用中、使用直後はアルミ缶が熱くなっているため絶対にさわらないで。使用後も火が自然に消えるまで燃やします。火が消えたあとに油が残っている場合は、ペーパーでふき取ります。

片づけるときは…

片づけるときは、完全に冷めるまで待ちます。使用後のアルミ缶には黒いすすがついているため、軍手をしましょう。軍手をつけていると、アルミ缶がすべりやすいので注意！

水の使いすぎを防げる！
ペットボトルじゃ口

住

工作時間
⏱ **20**分

難しさ ★★

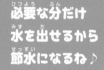

必要な分だけ
水を出せるから
節水になるね♪

キャップをひねって水を出したり止めたりできるので、災害時に貴重な水を節約しながら使うことができます。水を入れるときは、水がペットボトルのあなからこぼれないように指でふさぎましょう。

材料

ペットボトル（2L）… 1本
クリアファイル … 1枚
セロハンテープ … 適量

道具

● ペン
● プッシュピン

⚙ つくり方

1 ペットボトルに目印を書く

ペットボトルに、あなをあけるための目印を書く。図の○のあたりを目安にする。

2 あなをあける

プッシュピンを使って、目印の部分にあなをあける。プッシュピンは、刺したままにしておく。

3 クリアファイルを切る

クリアファイルのはり合わせてあるところを、はさみで切りはなす。
※見やすくするためにつくり方3～5は色つきのクリアファイルを使っています。

4 半分に切る

クリアファイルを開き、中心の折り目にそって半分に切る。

5 丸く切りぬく

あなの下の切りこみはセロハンテープでふさごう。

2枚に分かれたクリアファイルのうちの1枚に、図のように切りこみを入れて、丸くあなをあける。

6 もようを描く

クリアファイルにペンでもようを描く。5のあなの部分も、わかりやすく色やもようをつける。

7 ファイルを巻きつける

巻きつけたらプッシュピンを外そう！

5のあなの中心を、ペットボトルに刺したプッシュピンに合わせ、巻きつけてセロハンテープでとめると完成。

ポイント

使わないときは水がこぼれないように、あなを上にして置いておこう。

よごれた水がきれいになる
ペットボトルろか器

よごれた水は、石や砂利を使ってある程度きれいにすることができます。どろ水や雨水も、トイレや洗たくの水として使えるようになりますよ！ ただし、飲むことはできないので注意してください。

石や砂利でよごれを取りのぞくことを「ろか」というよ！

36

材料

ペットボトル（2L）… 1本
マスキングテープ … 適量
脱脂綿（小さいサイズ）… 3枚
小石 … 適量
砂利 … 適量
砂 … 適量
活性炭 … 適量
ガーゼ … 1枚

道具

● カッター ● グラス ● じょうぎ

⚙️ つくり方

1 ペットボトルを切る

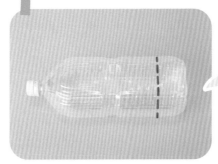

ペットボトルを底から4〜5cmほどの
ところで切る。

🔺 ポイント

ペットボトルの切り口がするど
くなっているので、マスキング
テープを巻きつけておこう。

2 脱脂綿をつめる

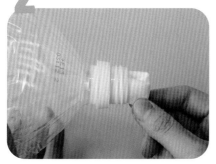

脱脂綿を3枚重ねて、ペットボトルの
飲み口につめる。

3 材料を重ねて入れる

ガーゼ
砂
活性炭
砂利
小石

飲み口を下にしてペットボトルを立て、
図のように小石、砂利、活性炭、砂、ガー
ゼの順に重ねて入れる。

4 グラスの上に置く

使うときは上から
ろかしたい水を
注ごう！

グラスの上に、3のペットボトルを置
いて完成。

やってみよう！

水が黒や茶色ににごっ
てしまう場合は、材料
の活性炭や砂利がよご
れている可能性があり
ます。使用前に洗って
おくか、何度かろか器
に水を通してよごれを
取りましょう。

ろかした水は、トイレ
を流すときの水として、
ペットボトルに入れて
保管しておくと役立ち
ます。ただし、下水道
がこわれている場合も
あるので、使うときは
大人に相談しましょう。

いつでもピカピカに手が洗える！
キッチンペーパーの紙石けん

好きな形に切ったら
手を洗うのが
楽しみになるね♪

手を清潔に保つことは、災害のときでも大切。紙石けんなら持ち運びやすく、必要なときにサッと取り出して使うことができます。たくさんつくって、家族や友だちみんなで分け合ってもいいですね。

材料

キッチンペーパー … 1枚
液体ハンドソープ … 適量

道具

● トレー
● ハケ（または筆）
● はさみ
● ハンガー

⚙ つくり方

1 ハンドソープをかける

トレーにキッチンペーパーを広げて置き、液体ハンドソープを4〜5回おした量をかける。

2 液体ハンドソープをぬる

全面が透けるまでぬろう。

ハケでキッチンペーパーに液体ハンドソープをぬり広げる。ぬり終えたら、うら返してもう片面にも同じようにぬる。

3 つるしてかわかす

太いハンガーにつるすとくっつきにくいよ。

2のキッチンペーパーがくっつかないようにハンガーにつるし、風通しのいい場所で完全にかわかす。

4 好きな大きさに切る

キッチンペーパーがかわいたら、好きな大きさや形に切って完成。

🎉 ポイント

キッチンペーパーの代わりに、水にとける紙やメモ帳でつくると、手に残らず、さらに便利！

やってみよう！

使うときは、紙石けんを水でぬらし、手のひらでこするようにしてあわだてます。

キッチンペーパーは水にとけないため、流さずに燃えるゴミとしてすてましょう。

いい香りの石けんでいつでも清潔に
アロマオイルの石けん

住

工作時間
🕐 **20**分
※固める時間を除く

難しさ ★★

いろいろな形の
シリコン型で
つくってみよう！

好きな色や形、香りでつくれる石けんがあれば、手洗いが楽しくなります。石けんの色つけに使う「カラーチップ」はネットショップなどで買えます。ない場合は、「食紅」でもOKです。

グリセリンソープ（透明なタイプ）
… 50g
カラーチップ … 適量
アロマオイル … 適量

道具

● カッター
● カッティングマット
● 耐熱性容器
● 耐熱性シリコン型
● スプーン

⚙ つくり方

1 グリセリンソープを切る

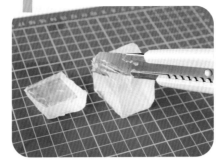

グリセリンソープをカッターで2cm角に切る。

2 耐熱性容器に入れる

カラーチップを
たくさん入れると
濃い色になるよ。

1のグリセリンソープと、好きな色のカラーチップを耐熱性容器に入れる。

3 電子レンジで温める

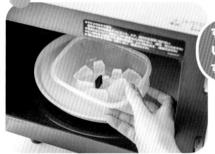

2を電子レンジ（500W）で30秒ほど温めてとかす。このとき、フタは外しておく。

4 スプーンでまぜる

すぐに固まって
しまうため、
すばやくまぜよう！

耐熱性容器をレンジから取り出し、とけたグリセリンソープとカラーチップを手早くまぜる。

5 アロマオイルを入れる

4に、アロマオイルを10滴ほどたらす。

6 シリコン型に流し入れる

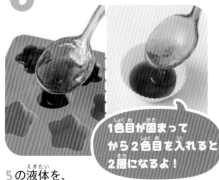

1色目が固まって
から2色目を入れると
2層になるよ！

5の液体を、耐熱性シリコン型にスプーンで流し入れ、1時間ほど置く。

7 型から取り出す

固まったら、シリコン型の後ろからおし出して取り出せば完成。

ポイント

シリコンカップでつくった石けんを六角形に切ると、宝石のような見た目になるよ！

ほのかな灯りで心まで温まる
食用油でつくるキャンドル

住 工作時間
⏱ 30分
※固める時間を除く

難しさ ★★★

災害のときは、電気が止まってしまうことも。真っ暗な場所でごはんを食べたり、何かをさがすのは大変です。身近な材料でつくれるので、いざというときのために用意しておきましょう。

大人とつくろう！

明かりがあるとほっとするね！

材料

タコ糸 … 8cm
ガラスびん（耐熱）… 1個
食用油 … 100mL
油処理剤 … 大さじ1
クレヨン … 適量

道具

● わりばし ● 片手なべ（大・小）
● 計量スプーン（大さじ）
● 湯（ふっとうさせたもの）
● カッター ● はさみ

⚙ つくり方

1 ガラスびんに糸をたらす

わっていないわりばしにタコ糸をはさみ、ガラスびんの中にたらす。糸が底につくように長さを調節する。

2 油と油処理剤を入れる

片手なべ（小）に、食用油と油処理剤を入れる。

3 油処理剤をとかす

片手なべ（大）の中に、湯を入れて2のなべをつける。2のなべを温めながら、油処理剤をとかす。

4 クレヨンをけずって入れる

クレヨンを入れるほど、色が濃くなる！

油処理剤がとけたら、好きな色のクレヨンをカッターでけずって入れる。

⚠ 注意

カッターの刃の後ろを親指でおしてけずろう。指を刃の先に出すとけがをする危険があるよ。

5 油をガラスびんに注ぐ

クレヨンをまぜてとかし、わりばしに当たらないように気をつけて、1のガラスびんに注ぐ。

6 平らな場所で固める

油の表面がななめにならないように、平らな場所に1時間ほど置いて固める。

7 仕上がりを確認する

ガラスびんをやさしくゆすったり、軽くかたむけたりしても、油の表面が動かなければ完成。

ダンボールのイス

住 | 工作時間
⏱ **30**分

難しさ ★★★

避難所などで固いゆかに長い時間すわり続けていると、体が冷えたり、おしりがいたくなったりします。ダンボールのイスがあれば、体に負担をかけずに休むことができますよ。

こわれないように
やさしく
こしかけようね！

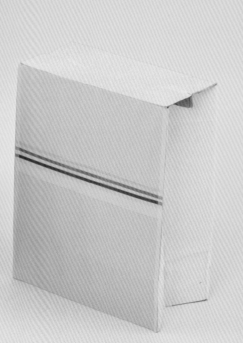

材料

ダンボール箱
（たて22.5cm×横34cm×
高さ43cm）…1個
ガムテープ…適量

道具

● カッター
● じょうぎ（50cm以上のもの）
● ペン
● クリップ

⚙ つくり方

1 折り目をつける

ダンボール箱をつぶし、横はばの短い面の中心にペンで線を引く。カッターで線を軽くなぞり、折り目をつける。

2 フラップを内側に入れる

横はばの短い2つの面のフラップを、ダンボール箱の内側に折りこむ。

ダンボール箱のフタと底になる部分をフラップというよ。

3 折り目にそって曲げる

1の折り目にそって、ダンボール箱を軽くおして曲げ、図のような形にする。

4 切りこみを入れる

横の長さは、ダンボール2枚分の厚さに調節しよう。

1の折り目の上部に、たて2.5cm×横1cmほどの切りこみを入れる。

5 フラップを折り曲げる

横はばが長い面のフラップのはしを、1.5cmほど内側に折り曲げる。

6 フラップを差しこむ

4でつくった切りこみに、5のフラップの曲げた部分を差しこむ。

ポイント

フラップが外れないように、はみ出ているところをクリップでとめておこう。

7 ガムテープでとめる

上部と下部を図のようにガムテープでとめて、補強して完成。

オリジナルグッズに早変わり
かざりをつくろう！

グッズをつくったら、かざりをつけて
自分だけのグッズにしてみましょう。

 リボン

 材料　新聞紙 … 1枚

 道具　●のり　●はさみ

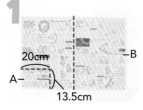
1 新聞紙を広げ、図のように2枚切り取る。

2 1のAの新聞紙を図のように置き、下から上に谷折りする。

3 2をさらに2回、谷折りする。

4 1のBの新聞紙を図のように置き、右側に向かって谷折りする。

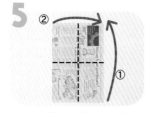
5 図の矢印の順番に、谷折りする。

6 5を図のように置き、3つ折りにする。

7 6の中心をつまみ、リボンの形にする。

8 7の中心に3を巻きつけて、のりでとめる。形を整えて完成。

 花

 材料　新聞紙 … 1枚　輪ゴム … 1本

道具　●はさみ

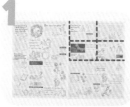
1 新聞紙を広げ、図のように4枚切り取る。切り取った新聞紙を重ねる。

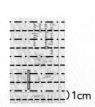
2 1cmほどのはばで山折りと谷折りをくり返す。

3 新聞紙の中心を輪ゴムでとめて、両はしを図のように三角に切る。

4 折り目を広げ、新聞紙を1枚ずつめくって図のように形を整えれば完成。

46

教えて！木原先生 災害ってなに？

> 地震や台風のように、自然の力によって起こる災害を「自然災害」というよ。日本は特に自然災害が多い国なんだ。
> いつどこで起こるかわからないから、日々備えておく必要があるよ。
> 備えの第一歩として、どんな災害があるか知っておこう！

👉 災害の種類

わたしたちにとって身近な「自然災害」には次のようなものがあります。

地震

地面が大きくゆれ、建物がくずれたり、ものが落下したりします。日本は世界の中でも地震が多い国です。

大雨

「台風」や「豪雨」などの大雨の影響で、電車が止まったり、川があふれて家が浸水したりします。

津波

地震や火山の噴火などによって、大きな波が起こります。家や学校より波が高くなることもあります。

> **ほかにも…** 火山の噴火や大雪、土砂くずれ、暴風など、さまざまな自然災害があります。

👉 災害に備える

災害が起きたときにあせらず行動するためのポイントは、災害時の対策を考えておくこと。まずはできることからやってみましょう。

避難の準備をしておこう

避難用のリュックを用意しておきましょう。懐中電灯がつくか、食料が古くなりすぎていないかなど、定期的に中身を確認します。

災害情報をチェックしよう

テレビやラジオ、気象庁のホームページなどでは災害に備えるための情報を教えてくれます。こまめにチェックしましょう。

● 監修者

木原 実 （きはら・みのる）

気象予報士・防災士。
1986年からお天気キャスターとして、日本テレビの番組に出演。現在は
お天気キャラクター・そらジローとともに、同局「news every.」のお天気
コーナーを担当している。2016年度より、日本防災士会の参与に就任。『天
気の基礎知識』(フレーベル館)、『おかあさんと子どものための防災＆非常
時ごはんブック』(ディスカヴァー・トゥエンティワン)など、多くの気象・
防災関連書の監修も務める。

NDC369.3
自分でつくっちゃおう！
かんたん手づくり防災グッズ ①準備編
監修・木原実
日本図書センター
2022年　48P　26.0cm×21.0cm

● スタッフ

グッズ制作	かまゆみ、sawako、むー
取材協力	菅野由美
撮影	北原千恵美、溝口智彦、三輪友紀
モデル	中沢美桜莉(クレヨン)
イラスト	the rocket gold star
装丁・本文デザイン	山岸蒔(スタジオダンク)
本文DTP	宮川柚希、椎名久美子(スタジオダンク)、丸橋一岳
編集制作	江島恵衣美、坂口柚季野(フィグインク)
編集協力	小園まさみ
企画・編集	日本図書センター

● 担当作品

かまゆみ	P14〜15、P20〜23、P30〜33、P36〜37、P40〜41、P44〜45
sawako	P8〜13、P16〜19、P24〜29、P38〜39、P42〜43、P46
むー	P34〜35

● 参考文献

『保存版 防災ハンドメイド　100均グッズで作れちゃう！』
辻 直美(KADOKAWA)
『つくって役立つ！ 防災工作　水・電気・ガスが使えないくらしを考える』
NPO法人プラス・アーツ(学研プラス)
『自衛隊防災BOOK』(マガジンハウス)
『警視庁災害対策課ツイッター 防災ヒント110』(日本経済新聞出版社)
『おうち避難のためのマンガ防災図鑑』草野かおる(飛鳥新社)

自分でつくっちゃおう！

かんたん手づくり防災グッズ ①準備編

2022年9月25日　初版第1刷発行

監修者	木原実
発行者	高野総太
発行所	株式会社日本図書センター　〒112-0012 東京都文京区大塚3-8-2
	電話　営業部：03-3947-9387　出版部：03-3945-6448
	HP　https://www.nihontosho.co.jp
印刷・製本	図書印刷 株式会社

ISBN978-4-284-00116-8　C8336(第1巻)